Anna-Maria Meuer und Pamela Voigt
Marco Bettner und Erik Dinges (Hrsg.)

Vertretungsstunden Sachunterricht

Schnell und klar für die Klassen 1 und 2

© 2009 Bildungshaus Schulbuchverlage
Westermann Schroedel Diesterweg Schöningh Winklers GmbH, Braunschweig
www.westermann.de

Das Werk und seine Teile sind urheberrechtlich geschützt. Jede Nutzung in anderen als den gesetzlich zugelassenen Fällen bedarf der vorherigen schriftlichen Einwilligung des Verlages. Hinweis zu § 52 a UrhG: Weder das Werk noch seine Teile dürfen ohne Einwilligung gescannt und in ein Netzwerk eingestellt werden. Dies gilt auch für Intranets von Schulen und sonstigen Bildungseinrichtungen.

Auf verschiedenen Seiten dieses Buches befinden sich Verweise (Links) auf Internet-Adressen.
Haftungshinweis: Trotz sorgfältiger inhaltlicher Kontrolle wird die Haftung für die Inhalte der externen Seiten ausgeschlossen. Für den Inhalt dieser externen Seiten sind ausschließlich deren Betreiber verantwortlich. Sollten Sie dabei auf kostenpflichtige, illegale oder anstößige Inhalte treffen, so bedauern wir dies ausdrücklich und bitten Sie, uns umgehend per E-Mail davon in Kenntnis zu setzen, damit beim Nachdruck der Verweis gelöscht wird.

Druck A^1 / Jahr 2009

Alle Drucke der Serie A sind im Unterricht parallel verwendbar.

Lektorat: Dr. Heike Bütow
Illustrationen: Barbara Schneider-Rank / Mariona Zeich
Titelgestaltung: PER Medien+Marketing GmbH, Braunschweig/Barbara Schneider-Rank
Herstellung und Satz: PER Medien+Marketing GmbH, Braunschweig
Druck und Bindung: westermann druck GmbH, Braunschweig

ISBN 978-3-14-**163052**-7

Inhalt

Vorwort 6

Kopiervorlagen

Die Jahreszeiten
Kopiervorlage 1a: Tafelbild/Folienbild Das Jahr 7
Kopiervorlage 1b: Arbeitsblatt Das Jahr 8
Kopiervorlage 1c: Lösungen zum Arbeitsblatt 1b 9
Kopiervorlage 2a: Tafelbild/Folienbild Der Herbst 10
Kopiervorlage 2b: Arbeitsblatt Der Herbst 11
Kopiervorlage 2c: Lösungen zum Arbeitsblatt 2b 12
Kopiervorlage 3a: Tafelbild/Folienbild Der Winter 13
Kopiervorlage 3b: Arbeitsblatt Der Winter 14
Kopiervorlage 3c: Lösungen zum Arbeitsblatt 3b 15
Kopiervorlage 4a: Tafelbild/Folienbild Der Frühling 16
Kopiervorlage 4b: Arbeitsblatt Der Frühling 17
Kopiervorlage 4c: Lösungen zum Arbeitsblatt 4b 18
Kopiervorlage 5a: Tafelbild/Folienbild Der Sommer 19
Kopiervorlage 5b: Arbeitsblatt Der Sommer 20
Kopiervorlage 5c: Lösungen zum Arbeitsblatt 5b 21

Sicher im Straßenverkehr
Kopiervorlage 6a: Tafelbild/Folienbild Mein Schulweg 22
Kopiervorlage 6b: Arbeitsblatt Mein Schulweg 23
Kopiervorlage 6c: Lösungen zum Arbeitsblatt 6b 24
Kopiervorlage 7a: Tafelbild/Folienbild Rad- und Fußgängerwege 25
Kopiervorlage 7b: Arbeitsblatt Rad- und Fußgängerwege 26
Kopiervorlage 7c: Lösungen zum Arbeitsblatt 7b 27
Kopiervorlage 8a: Tafelbild/Folienbild Im Straßenverkehr 28
Kopiervorlage 8b: Arbeitsblatt Im Straßenverkehr 29
Kopiervorlage 8c: Lösungen zum Arbeitsblatt 8b 30
Kopiervorlage 9a: Tafelbild/Folienbild Kleidung – Was ziehe ich an? 31
Kopiervorlage 9b: Arbeitsblatt Kleidung – Was ziehe ich an? 32
Kopiervorlage 9c: Lösungen zum Arbeitsblatt 9b 33

Zusammen leben
Kopiervorlage 10a: Tafelbild/Folienbild Familie 34
Kopiervorlage 10b: Arbeitsblatt Familie 35
Kopiervorlage 10c: Lösungen zum Arbeitsblatt 10b 36
Kopiervorlage 11a: Tafelbild/Folienbild Aufgaben in der Familie 37
Kopiervorlage 11b: Arbeitsblatt Aufgaben in der Familie 38
Kopiervorlage 11c: Lösungen zum Arbeitsblatt 11b 39
Kopiervorlage 12a: Tafelbild/Folienbild In der Pause 40
Kopiervorlage 12b: Arbeitsblatt In der Pause 41
Kopiervorlage 12c: Lösungen zum Arbeitsblatt 12b 42
Kopiervorlage 13a: Tafelbild/Folienbild Freundschaft 43
Kopiervorlage 13b: Arbeitsblatt Freundschaft 44
Kopiervorlage 13c: Lösungen zum Arbeitsblatt 13b 45

Natur entdecken: Tiere
Kopiervorlage 14a: Tafelbild/Folienbild Tiere auf dem Bauernhof 46
Kopiervorlage 14b: Arbeitsblatt Tiere auf dem Bauernhof 47
Kopiervorlage 14c: Lösungen zum Arbeitsblatt 14b 48
Kopiervorlage 15a: Tafelbild/Folienbild Vögel im Winter................................ 49
Kopiervorlage 15b: Arbeitsblatt Vögel im Winter 50
Kopiervorlage 15c: Lösungen zum Arbeitsblatt 15b 51
Kopiervorlage 16a: Tafelbild/Folienbild Tierfamilien 52
Kopiervorlage 16b: Arbeitsblatt Tierfamilien 53
Kopiervorlage 16c: Lösungen zum Arbeitsblatt 16b 54
Kopiervorlage 17a: Tafelbild/Folienbild Der Wellensittich.............................. 55
Kopiervorlage 17b: Arbeitsblatt Der Wellensittich 56
Kopiervorlage 17c: Lösungen zum Arbeitsblatt 17b 57
Kopiervorlage 18a: Tafelbild/Folienbild Die Sprache der Katze 58
Kopiervorlage 18b: Arbeitsblatt Die Sprache der Katze 59
Kopiervorlage 18c: Lösungen zum Arbeitsblatt 18b 60

Natur entdecken: Pflanzen und Früchte
Kopiervorlage 19 a: Tafelbild/Folienbild Obstsorten................................... 61
Kopiervorlage 19 b: Arbeitsblatt Obstsorten 62
Kopiervorlage 19 c: Lösungen zum Arbeitsblatt 19 b 63
Kopiervorlage 20 a: Tafelbild/Folienbild Blätter und Früchte im Herbst 64
Kopiervorlage 20 b: Arbeitsblatt Blätter und Früchte im Herbst 65
Kopiervorlage 20 c: Lösungen zum Arbeitsblatt 20 b 66
Kopiervorlage 21 a: Tafelbild/Folienbild Frühblüher 67
Kopiervorlage 21 b: Arbeitsblatt Frühblüher 68
Kopiervorlage 21 c: Lösungen zum Arbeitsblatt 21 b 69
Kopiervorlage 22 a: Tafelbild/Folienbild Die Tulpe.................................... 70
Kopiervorlage 22 b: Arbeitsblatt Die Tulpe 71
Kopiervorlage 22 c: Lösungen zum Arbeitsblatt 22 b 72

Berufe
Kopiervorlage 23a: Tafelbild/Folienbild Beim Zahnarzt................................. 73
Kopiervorlage 23b: Arbeitsblatt Beim Zahnarzt 74
Kopiervorlage 23c: Lösungen zum Arbeitsblatt 23b 75
Kopiervorlage 24a: Tafelbild/Folienbild Der Bäcker.................................... 76
Kopiervorlage 24b: Arbeitsblatt Der Bäcker... 77
Kopiervorlage 24c: Lösungen zum Arbeitsblatt 24b 78
Kopiervorlage 25a: Tafelbild/Folienbild Berufe 79
Kopiervorlage 25b: Arbeitsblatt Berufe... 80
Kopiervorlage 25c: Lösungen zum Arbeitsblatt 25b 81

Umwelt erforschen
Kopiervorlage 26a: Tafelbild/Folienbild Luft 82
Kopiervorlage 26b: Arbeitsblatt Luft 83
Kopiervorlage 26c: Lösungen zum Arbeitsblatt 26b 84
Kopiervorlage 27a: Tafelbild/Folienbild Wasser im Alltag 85
Kopiervorlage 27b: Arbeitsblatt Wasser im Alltag 86
Kopiervorlage 27c: Lösungen zum Arbeitsblatt 27b 87
Kopiervorlage 28a: Tafelbild/Folienbild Licht und Schatten 88
Kopiervorlage 28b: Arbeitsblatt Licht und Schatten 89
Kopiervorlage 28c: Lösungen zum Arbeitsblatt 28b 90

Das bin ich

Kopiervorlage 29a: Tafelbild/Folienbild Mein Körper... 91
Kopiervorlage 29b: Arbeitsblatt Mein Körper ... 92
Kopiervorlage 29c: Lösungen zum Arbeitsblatt 29b ... 93
Kopiervorlage 30a: Tafelbild/Folienbild Unsere Zähne ... 94
Kopiervorlage 30b: Arbeitsblatt Unsere Zähne ... 95
Kopiervorlage 30c: Lösungen zum Arbeitsblatt 30b ... 96
Kopiervorlage 31a: Tafelbild/Folienbild Unsere Sinne ... 97
Kopiervorlage 31b: Arbeitsblatt Unsere Sinne ... 98
Kopiervorlage 31c: Lösungen zum Arbeitsblatt 31b ... 99

Vorwort

Das ist typischer Schulalltag: In aller Regelmäßigkeit müssen Lehrkräfte (oft auch sehr kurzfristig) Vertretungsunterricht durchführen, sei es in der Form, dass Kinder aus anderen Klassen aufgeteilt werden oder die Lehrkräfte selbst Vertretungsstunden in „fremden" Klassen halten. In beiden Fällen muss das Material für einen reibungslosen und effektiven Ablauf klar und gut durchstrukturiert sein. Die vorliegende Veröffentlichung versucht Sie an dieser Stelle zu unterstützen und bietet schnell vorbereitete, einfach zu handhabende und gewinnbringende Unterrichtsmaterialien in Form von Arbeitsblättern und Tafelbildern bzw. Folieneinstiegen an. Dabei sind alle Themen an den Lehrplänen und Bildungsstandards des jeweiligen Fachs orientiert. Auch und gerade für fachfremd unterrichtende Lehrkräfte stellt dieses Buch einen fachlichen und didaktischen Zugang zu eventuell weniger bekannten Themengebieten dar.

Die Materialien sind praxisgetestet und haben uns für die Vorbereitung und Durchführung von Vertretungsstunden äußerst nützliche Arbeit geleistet.

Dabei ist das in der Veröffentlichung durchgängig praktizierte Prinzip des Dreiklangs zwischen Tafelbild/Folienbild, Arbeitsblatt und Lösungsblatt hervorzuheben. Anbei einige Anmerkungen zu diesen drei Komponenten.

Tafelbild/Folienbild

Zu Beginn der Stunde wird eine Thematik per Tafelbild oder Folienbild gemeinsam mit den Schülern besprochen, erarbeitet oder auch wiederholt. Der Grad des eigenständigen Erarbeitens kann in diesem Zusammenhang von der Lehrkraft selbst bestimmt werden.
Bei manchen Einstiegsblättern wurden einige Lehrerinformationen notiert, die im Rahmen des Lehrer-Schüler-Gesprächs eingebracht werden können.

Oft kann der angebotene Folieneinstieg oder das Tafelbild auch von den Schülerinnen und Schülern komplett eigenständig bearbeitet werden. Auf jeden Fall stellt die Einstiegsphase eine wichtige inhaltliche Voraussetzung für die nachfolgende Phase, in welcher das Arbeitsblatt bearbeitet bzw. die Thematik geübt und vertieft werden soll, dar.

Arbeitsblatt

Das Arbeitsblatt bietet zahlreiche Möglichkeiten, um den gelernten Wissensstoff weiter zu festigen und intensiver zu durchdringen. Dabei werden zunächst zahlreiche Aufgaben auf einem reproduktiven Anforderungsniveau angeboten. Am Ende des Arbeitsblattes erhalten die Schülerinnen und Schüler die Möglichkeit, ihre Kompetenzen weiter auszuarbeiten.

Alle Arbeitsblätter sind so konzipiert, dass eine 45-minütige Unterrichtssequenz sinnvoll und komplett ausgefüllt wird.

Lösungen

Sowohl für die Schülerinnen und Schüler als auch für die (eventuell fachfremde) Lehrkraft wird am Ende jedes Themas ein Lösungsblatt angeboten.

Dieses Heft beinhaltet die folgenden Themenbereiche:
- Die Jahreszeiten
- Sicher im Straßenverkehr
- Zusammen leben
- Natur entdecken: Tiere
- Natur entdecken: Pflanzen und Früchte
- Berufe
- Umwelt erforschen
- Das bin ich

Marco Bettner und Dr. Erik Dinges

Kopiervorlage 1a: Tafelbild/Folienbild Das Jahr

Das Jahr

Januar

| 1 | | | | | | | | | |10| | | | | | | | | |20| | | | | | | | | |30|

Februar

| 1 | | | | | | | | | |10| | | | | | | | | |20| | | | | | | | | | |

März

| 1 | | | | | | | | | |10| | | | | | | | | |20| | | | | | | | | |30|

April

| 1 | | | | | | | | | |10| | | | | | | | | |20| | | | | | | | | |30|

Mai

| 1 | | | | | | | | | |10| | | | | | | | | |20| | | | | | | | | |30|

Juni

| 1 | | | | | | | | | |10| | | | | | | | | |20| | | | | | | | | |30|

Juli

| 1 | | | | | | | | | |10| | | | | | | | | |20| | | | | | | | | |30|

August

| 1 | | | | | | | | | |10| | | | | | | | | |20| | | | | | | | | |30|

September

| 1 | | | | | | | | | |10| | | | | | | | | |20| | | | | | | | | |30|

Oktober

| 1 | | | | | | | | | |10| | | | | | | | | |20| | | | | | | | | |30|

November

| 1 | | | | | | | | | |10| | | | | | | | | |20| | | | | | | | | |30|

Dezember

| 1 | | | | | | | | | |10| | | | | | | | | |20| | | | | | | | | |30|

- *Benennen der Monate. Wie viele Tage haben die Monate? Was ist typisch für den jeweiligen Monat (Feste, Wetter, Jahreszeit, ...)?*
- *Wie viele Tage und Wochen hat ein Jahr? Wie viele Tage hat eine Woche?*
- *Nennen festgelegter Daten (Frühlingsanfang, Weihnachten, Geburtstage, ...).*

Das Jahr

1. Trage die 12 Monate und die Anzahl ihrer Tage in die Tabelle ein.

Monat	Tage	Monat	Tage

2. Fülle den Lückentext aus.

Insgesamt hat das _____ 12 Monate. Das Kalenderjahr beginnt immer mit dem Monat _____. Es endet mit dem Monat _____. Am 24. Dezember feiern wir _____.

Nach dem Monat Juni kommt der Monat _____.

| Juli – Jahr – Weihnachten – Dezember – Januar |

3. Übe den Knöcheltrick! So kannst du dir merken, wie viele Tage die Monate haben. Die Monate auf den Knöcheln

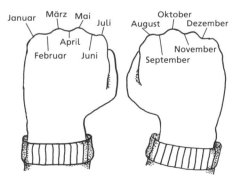

haben ____ Tage. Die Monate zwischen den Knöcheln haben ____ Tage.

Achtung: Der Februar ist eine Ausnahme. Er hat 28 oder 29 Tage.

Kopiervorlage 1c: Lösungen zum Arbeitsblatt 1b

Das Jahr

1. Trage die 12 Monate und die Anzahl ihrer Tage in die Tabelle ein.

Monat	Tage	Monat	Tage
1. Januar	31	7. Juli	31
2. Februar	28/29	8. August	31
3. März	31	9. September	30
4. April	30	10. Oktober	31
5. Mai	31	11. November	30
6. Juni	30	12. Dezember	31

2. Fülle den Lückentext aus.

Insgesamt hat das __Jahr__ 12 Monate. Das Kalenderjahr beginnt immer mit dem Monat __Januar__. Es endet mit dem Monat __Dezember__. Am 24. Dezember feiern wir __Weihnachten__. Nach dem Monat Juni kommt der Monat __Juli__.

| Juli – Jahr – Weihnachten – Dezember – Januar |

3. Übe den Knöcheltrick! So kannst du dir merken, wie viele Tage die Monate haben. Die Monate auf den Knöcheln

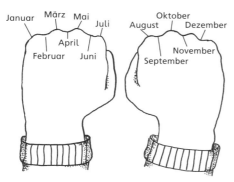

haben __31__ Tage. Die Monate zwischen den Knöcheln haben __30__ Tage.

Achtung: Der Februar ist eine Ausnahme. Er hat 28 oder 29 Tage.

• *Die Kinder sollen sich den Knöcheltrick selbstständig erarbeiten.*

Kopiervorlage 2a: Tafelbild/Folienbild Der Herbst

Der Herbst

- *Beschreiben des Bildes: Vergleich mit anderen Jahreszeiten.*
- *Was sind für diese Jahreszeit typische Erscheinungsformen (Natur, Pflanzen, Tiere, Wetter)?*
- *Was kann man im Herbst machen (Kastanien sammeln, Drachen steigen lassen)?*

Der Herbst

1. Schreibe oder male, was im Herbst passiert.
2. Male ein Herbstbild auf ein weißes Blatt.

Die Zugvögel fliegen in den Süden.

Die Kinder lassen Drachen steigen.

Kopiervorlage 2c: Lösungen zum Arbeitsblatt 2b

Der Herbst

1. Schreibe oder male, was im Herbst passiert.
2. Male ein Herbstbild auf ein weißes Blatt.

Die Zugvögel fliegen in den Süden.

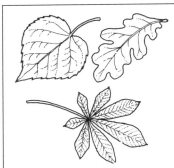
Die Blätter färben sich bunt und fallen zu Boden.

Manche Familien feiern Halloween und stellen ein Kürbislicht auf.

Der Laternenumzug findet statt.

Die Tage werden kürzer. Am Morgen wird es später hell und am Abend früher dunkler.

Es wird kühler und wir müssen uns wärmer anziehen.

Das Wetter ändert sich. Es wird kühl und windig.

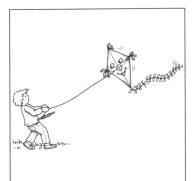
Die Kinder lassen Drachen steigen.

Manche Tiere legen sich einen Wintervorrat an.

- *Die Antwortkärtchen können ausgeschnitten und ausgelegt werden. So können sie als Anregung und Hilfestellung für einzelne Kinder dienen.*

Kopiervorlage 3a: Tafelbild/Folienbild Der Winter

Der Winter

- *Beschreiben des Bildes: Vergleich mit anderen Jahreszeiten.*
- *Was sind für diese Jahreszeit typische Erscheinungsformen (Natur, Pflanzen, Tiere, Wetter)?*
- *Was kann man im Winter machen (Vögel füttern, Schlittenfahren, Schneemann bauen)?*

Der Winter

1. Schreibe oder male, was im Winter passiert.
2. Male ein Winterbild auf ein weißes Blatt.

Die Vögel werden am Futterhäuschen gefüttert.

Der Igel hält Winterschlaf.

Kopiervorlage 3c: Lösungen zum Arbeitsblatt 3b

Der Winter

1. Schreibe oder male, was im Winter passiert.
2. Male ein Winterbild auf ein weißes Blatt.

Die Vögel werden am Futterhäuschen gefüttert.

Die Kinder gehen Schlittenfahren.

Es ist Faschingszeit.

Bei Schnee kann man Schneemänner bauen.

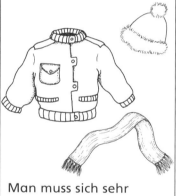

Man muss sich sehr warm anziehen.

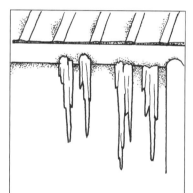

Das Wetter ist kalt. Es gibt Eis und Schnee.

Wenn es schneit, kann man eine Schneeballschlacht machen.

Der Igel hält Winterschlaf.

Man kann Glühwein oder Punsch trinken und heiße Maronen essen.

- *Die Antwortkärtchen können ausgeschnitten und ausgelegt werden. So können sie als Anregung und Hilfestellung für einzelne Kinder dienen.*

Kopiervorlage 4a: Tafelbild/Folienbild Der Frühling

Der Frühling

- *Beschreiben des Bildes: Vergleich mit anderen Jahreszeiten.*
- *Was sind für diese Jahreszeit typische Erscheinungsformen (Natur, Pflanzen, Tiere, Wetter)?*
- *Was kann man im Frühling machen (Tiere beobachten, Blumen pflücken, im Freien spielen)?*

Der Frühling

1. Schreibe oder male, was im Frühling passiert.
2. Male ein Frühlingsbild auf ein weißes Blatt.

Die Zugvögel kommen aus dem Süden zurück.

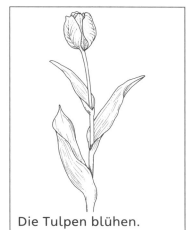

Die Tulpen blühen.

Kopiervorlage 4c: Lösungen zum Arbeitsblatt 4b

Der Frühling

1. Schreibe oder male, was im Frühling passiert.
2. Male ein Frühlingsbild auf ein weißes Blatt.

Die Zugvögel kommen aus dem Süden zurück.

Man kann im Freien spielen und zum Beispiel Inlineskaten.

Es ist Ostern.

Die Tage werden länger. Am Morgen ist es früher hell und am Abend später dunkel.

Die Tiere erwachen aus dem Winterschlaf.

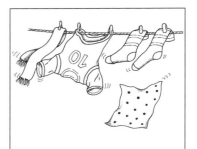

Das Wetter ändert sich. Es wird wärmer.

Im Frühling blühen die Bäume und werden grün.

Die Tulpen blühen.

Wenn die Sonne scheint, braucht man keine Jacke mehr.

- *Die Antwortkärtchen können ausgeschnitten und ausgelegt werden. So können sie als Anregung und Hilfestellung für einzelne Kinder dienen.*

Kopiervorlage 5a: Tafelbild/Folienbild Der Sommer

Der Sommer

- *Beschreiben des Bildes: Vergleich mit anderen Jahreszeiten.*
- *Was sind für diese Jahreszeit typische Erscheinungsformen (Natur, Pflanzen, Tiere, Wetter)?*
- *Was kann man im Sommer machen (ins Schwimmbad gehen, Kirschen pflücken)?*

Der Sommer

1. Schreibe oder male, was im Sommer passiert.
2. Male ein Sommerbild auf ein weißes Blatt.

Im Sommer essen die Kinder gerne Eis.

Es macht Spaß, die Enten am Teich zu füttern.

Kopiervorlage 5c: Lösungen zum Arbeitsblatt 5b

Der Sommer

1. Schreibe oder male, was im Sommer passiert.
2. Male ein Sommerbild auf ein weißes Blatt.

Im Sommer essen die Kinder gerne Eis.

Es ist warm. Die Sonne scheint.

Man kann baden gehen.

Auf der Wiese kann man picknicken.

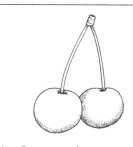

Im Sommer kann man Kirschen pflücken, diese essen oder Marmelade kochen.

Die Erdbeeren sind reif.

Im Sommer spielen alle gerne draußen.

Es macht Spaß, die Enten am Teich zu füttern.

Viele Tiere bekommen Nachwuchs.

- *Die Antwortkärtchen können ausgeschnitten und ausgelegt werden. So können sie als Anregung und Hilfestellung für einzelne Kinder dienen.*

Kopiervorlage 6a: Tafelbild/Folienbild Mein Schulweg

Mein Schulweg

- Was seht ihr auf dem Bild (Verkehrsteilnehmer, -schilder, -situationen, Gefahren)?
- Beschreiben verschiedener Wege (zum Beispiel vom Bäcker zur Schule).
- Vergleich mit eigenem Schulweg.

Kopiervorlage 6b: Arbeitsblatt Mein Schulweg

Mein Schulweg

1. Schneide die kleinen Bilder aus. Klebe sie an die richtige Stelle im großen Bild.
2. Male das Bild aus.
3. Male deinen Schulweg auf ein weißes Blatt.

Kopiervorlage 6c: Lösungen zum Arbeitsblatt 6b

Mein Schulweg

1. Schneide die kleinen Bilder aus. Klebe sie an die richtige Stelle im großen Bild.
2. Male das Bild aus.
3. Male deinen Schulweg auf ein weißes Blatt.

Kopiervorlage 7a: Tafelbild/Folienbild Rad- und Fußgängerwege

Rad- und Fußgängerwege

- Beschreiben und Vergleichen der beiden Verkehrssituationen.
- Beschreiben und Benennen der vier Verkehrsschilder (siehe Lösung); über Bedeutung und Nutzen sprechen; blaue Farbe der Verkehrsschilder betonen (eventuell mit Folienstift anmalen).
- Wo können die Schüler diese Schilder in ihrer Umgebung sehen?

Rad- und Fußgängerwege

1. Male die Schilder in der richtigen Farbe an.

2. Ordne den Bildern die passenden Schilder zu.

3. Schreibe zu jedem Bild einen Satz. Was bedeuten die Verkehrszeichen?

1. _____

2. _____

3. _____

4. _____

4. Wo gibt es in deiner Stadt diese Verkehrsschilder?

_____

Kopiervorlage 7c: Lösungen zum Arbeitsblatt 7b

Rad- und Fußgängerwege

1. Male die Schilder in der richtigen Farbe an.

2. Ordne den Bildern die passenden Schilder zu.

(Die Schilder sind blau. Personen, Fahrräder und Trennstrich bleiben weiß.)

3. Schreibe zu jedem Bild einen Satz. Was bedeuten die Verkehrszeichen?

1. Dieser Weg ist nur für Fußgänger.
2. Auf diesem Weg dürfen nur Fahrräder fahren.
3. Diesen Weg teilen sich Fußgänger und Radfahrer.
4. Fußgänger- und Radweg sind voneinander getrennt.

4. Wo gibt es in deiner Stadt diese Verkehrsschilder?

_____

Kopiervorlage 8a: Tafelbild/Folienbild Im Straßenverkehr

Im Straßenverkehr

- Beschreiben des Bildes: Welche Personen halten sich an die Verkehrsregeln? Wo machen die Menschen im Straßenverkehr etwas falsch? Wie müssten sie sich verhalten? Richtiges bzw. falsches Verhalten können mit grünem bzw. rotem Folienstift eingekreist werden.
- Von eigenen Erfahrungen im Straßenverkehr berichten.

Im Straßenverkehr

1. Male die Kinder, die sich richtig verhalten, grün an.
   Die Kinder, die Fehler machen, male rot an.
2. Schneide die Bilder aus und klebe sie untereinander auf ein weißes Blatt.
   Was machen die Kinder richtig oder falsch? Schreibe neben die Bilder.

Kopiervorlage 8c: Lösungen zum Arbeitsblatt 8b

Im Straßenverkehr

1. Male die Kinder, die sich richtig verhalten, grün an. Die Kinder, die Fehler machen, male rot an.
2. Schneide die Bilder aus und klebe sie untereinander auf ein weißes Blatt.
   Was machen die Kinder richtig oder falsch? Schreibe neben die Bilder.

Rot: Ein Kind rennt ohne zu schauen zwischen zwei parkenden Autos auf die Straße.

Rot: Das Mädchen vergewissert sich nicht, ob die Autos am Zebrastreifen halten.

Grün: Der Junge wartet an der Ampel bis grün ist und die Autos halten.

Rot: Ein Kind geht nicht auf dem Fußgängerweg. Laute Musik lenkt es ab.

Grün: Ein Kind geht innen auf dem Gehweg.

Grün: Das Mädchen wartet am Zebrastreifen und gibt Handzeichen.

Kopiervorlage 9a: Tafelbild / Folienbild Kleidung – Was ziehe ich an?

Kleidung – Was ziehe ich an?

- *Beschreiben des Bildes: Welche Kleidungsstücke sind zu sehen?*
  Wofür braucht man die verschiedenen Kleidungsstücke?
- *Was ziehe ich an (im Herbst, im Schwimmbad, in der Schule, bei Schnee)?*
  Welche Farben sollte die Kleidung haben?

Kopiervorlage 9b: Arbeitsblatt Kleidung – Was ziehe ich an?

Kleidung – Was ziehe ich an?

1. Überlege dir mit einem Partner, was ihr anzieht.

... bei Regen.　　　　　　　... bei Schnee.

... bei Nebel.　　　　　　　... beim Schlittschuhlaufen.

... wenn es stürmt.　　　　　... an einem Sommertag.

... am Strand.　　　　　　　... im Herbst.

2. Male die Bilder an. Achte auf die Farbe der Kleidung.

3. Schreibe zu jedem Bild in dein Heft, was du anziehst.

Kopiervorlage 9c: Lösungen zum Arbeitsblatt 9b

Kleidung – Was ziehe ich an?

Bei Regen wird man schlecht gesehen, deshalb ist es wichtig Kleidung in hellen und leuchtenden Farben zu tragen.

Bei Schnee ist die Sicht häufig schlecht. Um trotzdem gut gesehen zu werden, sollte die Kleidung helle, auffallende Farben haben.

Wenn es neblig ist, wird man sehr schlecht gesehen und muss mit leuchtender Kleidung auf sich aufmerksam machen. Gelbe, weiße oder orangefarbene Projektoren erhöhen die eigene Sicherheit.

Beim Schlittschuhlaufen muss man sich warm anziehen. Handschuhe und Mütze schützen einen außerdem vor Verletzungen. Durch auffällige Farben wird man auch beim Schlittschuhlaufen besser gesehen.

Wenn es windig ist, bietet sich windundurchlässige Kleidung an, damit man nicht friert. Bei schlechter Sicht sollte Kleidung in hellen Farben gewählt werden.

Im Sommer ist luftige Kleidung ideal. Helle Farben heizen sich nicht so leicht auf, weshalb man weniger schwitzt.

Am Strand braucht man Badekleidung. Jungen und Männer tragen Badehosen, Mädchen und Frauen Badeanzüge oder Bikinis. Die Farben und Muster sind beliebig.

Beim Wandern im Herbst sollte man auf feste Schuhe achten. Im Herbst kann das Wetter schnell umschlagen, man sollte warme, gut sichtbare Kleidung wählen.

Kopiervorlage 10a: Tafelbild/Folienbild Familie

Familie

- *Beschreiben der Bilder: Familien können verschieden sein. Woran erkennt man Familien?*
- *Wie setzen sich die einzelnen Familien zusammen?*
- *Wie sieht die eigene Familie aus? Wer gehört dazu?*

Kopiervorlage 10b: Arbeitsblatt Familie

Familie

1. In diesem Haus wohne ich. Male.

2. Das ist meine Familie. Male.

3. Schreibe die Namen der Personen in das Bild.

4. Kennst du deine Adresse? Schreibe sie auf.

Name: _____

Straße: _____

Wohnort: _____

Kopiervorlage 10c: Lösungen zum Arbeitsblatt 10b

Familie

1. In diesem Haus wohne ich. Male.

Die Kinder sollen malen, wie bzw. wo sie wohnen
(im Hochhaus, im Reihenhaus, in einem Einfamilienhaus).

2. Das ist meine Familie. Male.

Die Kinder sollen aufmalen, wer zu ihrer Familie gehört:
Mutter, Vater, Geschwister, Stiefeltern, Großeltern, ...

Die richtigen Bezeichnungen oder Namen der Familienmitglieder
sollen zu den einzelnen Personen geschrieben werden.

3. Schreibe die Namen der Personen in das Bild.

4. Kennst du deine Adresse? Schreibe sie auf.

Name: _____

Straße: _____

Wohnort: _____

- *Eine Familie kann sich unterschiedlich zusammensetzen. Verschiedene Merkmale können ausschlaggebend sein: Wohnsituation, Familiennachname, Verwandtschaftsgrad, Gefühle usw.*
- *Die Kinder können ihre Familien der Klasse vorstellen.*

Kopiervorlage 11a: Tafelbild/Folienbild Aufgaben in der Familie

Aufgaben in der Familie

- *Beschreiben des Bildes: Benennen der verschiedenen Tätigkeiten innerhalb einer Familie.*
- *Berichten von der eigenen Arbeitsaufteilung zu Hause.*
- *Welche Aufgaben gibt es noch? Welche Tätigkeiten werden von den Kindern übernommen?*

Kopiervorlage 11b: Arbeitsblatt Aufgaben in der Familie

Aufgaben in der Familie

1. In einer Familie gibt es viel zu tun. Da ist es am Besten, wenn jeder mithilft. Schreibe und male, welche Aufgaben es gibt.

  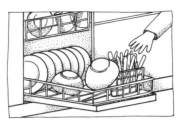

_____ _____ _____

_____ _____ _____

_____ _____ _____

2. Schreibe auf, wer welche Aufgaben in deiner Familie erledigt.

_____
_____
_____

Kopiervorlage 11c: Lösungen zum Arbeitsblatt 11b

Aufgaben in der Familie

1. In einer Familie gibt es viel zu tun. Da ist es am Besten, wenn jeder mithilft. Schreibe und male, welche Aufgaben es gibt.

  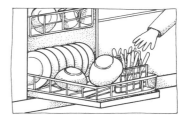

Müll wegbringen   Zimmer aufräumen   Spülmaschine ausräumen

  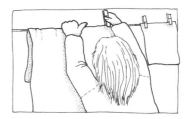

Blumen gießen   Tisch decken   Wäsche aufhängen

Hund ausführen   Einkaufen gehen   Staubsaugen und putzen

2. Schreibe auf, wer welche Aufgaben in deiner Familie erledigt.

Weitere Beispiele könnten sein: Wellensittiche füttern, Betten machen, Tisch abräumen, Wäsche falten, Katzenklo säubern, Spülmaschine einräumen, Kartoffeln schälen, Rasen mähen, Kochen, Hecke schneiden, etwas reparieren, Oma pflegen usw.

In der Pause

- *Beschreiben des Bildes: Was machen die Kinder in der Pause? Welche Spiele gibt es?*
- *Was ist auf dem Schulhof erlaubt und was nicht?*
- *Berichten von eigenen Erfahrungen und Spielen in der Pause.*

Kopiervorlage 12b: Arbeitsblatt In der Pause

In der Pause

1. Schneide die Bilder einzeln aus. Klebe die Bilder auf ein großes Blatt in eine Tabelle: Was ist erlaubt? Was ist nicht erlaubt?

Unsere Pause	
Das ist erlaubt:	Das ist nicht erlaubt:

2. Ergänze mit einem Partner die Tabelle durch eigene Bilder. Überlegt euch, was ihr in der Pause spielen möchtet.

Kopiervorlage 12c: Lösungen zum Arbeitsblatt 12b

In der Pause

Unsere Pause	
Das ist erlaubt:	Das ist nicht erlaubt:
Seilspringen	mit Steinen werfen
Schaukeln	Rollschuh fahren
Federball spielen	Fahrrad fahren
Fußball spielen	das Schulgelände verlassen
Stelzenlaufen	mit Schneebällen werfen
Fangen spielen	andere Kinder ärgern
Klettern	sich prügeln
Hüpfkästchen spielen	
Gummitwist	
mit Handpuppen spielen	
mit Kreide malen	
Schmetterlinge beobachten	
Verstecken spielen	

- *Je nach Schule können die erlaubten und verbotenen Tätigkeiten während der Pause variieren.*
- *Von den Kindern können weitere Spielmöglichkeiten genannt werden, zum Beispiel: Buch lesen; Klatschspiele; Kreisspiele; Kartenspiele; Pferdeleine; Tischtennis; im Sand spielen u. a.*
- *Die Bilder können von den Kindern ausgemalt werden.*

Kopiervorlage 13a: Tafelbild/Folienbild Freundschaft

Freundschaft

- *Beschreiben der Bilder: Was machen die Kinder auf den Bildern?*
- *Berichten von eigenen Erfahrungen und Erlebnissen mit Freunden.*
- *Was macht Freundschaft aus? Wie sollten Freunde sich verhalten?*

Kopiervorlage 13b: Arbeitsblatt Freundschaft

Freundschaft

1. Male dich mit deinen Freunden.

2. Das ist mir wichtig bei meinen Freunden:

_____

_____

_____

3. Das unternehme ich mit meinen Freunden:

_____

_____

_____

_____

4. Mein tollstes Erlebnis mit einem Freund oder einer Freundin:

_____

_____

_____

5. Zeichne, was du für eine Freundin oder einen Freund tust. Schenke ihr oder ihm deine Zeichnung.

Kopiervorlage 13c: Lösungen zum Arbeitsblatt 13b

Freundschaft

1. Male dich mit deinen Freunden.

   Die Kinder sollen sich mit Ihren Freunden malen.

2. Das ist mir wichtig bei meinen Freunden:

   Vertrauen, Ehrlichkeit, Hilfsbereitschaft, Zeit, Verständnis, Geduld, gemeinsame Interessen, zusammen lachen und spielen u. a.

3. Das unternehme ich mit meinen Freunden:

   Zusammen spielen (in der Pause, am Nachmittag, auf dem Spielplatz, in meinem Zimmer, ...), gemeinsam Hausaufgaben machen, mit Inlinern oder dem Fahrrad fahren, mit dem Hund Gassi gehen, sich gegenseitig Briefe schreiben, zusammen ins Schwimmbad gehen, zum Reiten oder in den Zoo gehen, in der Schule zusammen lernen usw.

4. Mein tollstes Erlebnis mit einem Freund oder einer Freundin:

   Die Kinder berichten individuell von Erlebnissen mit ihren Freunden. Die Geschichten können am Ende der Stunde den Klassenkameraden vorgelesen werden.

5. Zeichne, was du für eine Freundin oder einen Freund tust. Schenke ihr oder ihm deine Zeichnung.

Kopiervorlage 14a: Tafelbild/Folienbild Tiere auf dem Bauernhof

Tiere auf dem Bauernhof

- Was kann man auf dem Bild entdecken?
- Welche Tiere sind zu sehen? Welchen Nutzen haben die verschiedenen Tiere?
- Erzählen von eigenen Erlebnissen auf dem Bauernhof.

Tiere auf dem Bauernhof

1. Schreibe die Tiernamen auf die Linien.

> Pferd – Kuh – Katze – Hund – Huhn – Schaf – Schwein

_____

_____

_____

_____

_____

_____

_____

2. Male die Tiere an.

3. Welche Tiere gibt es noch auf dem Bauernhof. Schreibe oder male auf ein weißes Blatt.

Kopiervorlage 14c: Lösungen zum Arbeitsblatt 14b

Tiere auf dem Bauernhof

1. Schreibe die Tiernamen auf die Linien.

   Pferd – Kuh – Katze – Hund – Huhn – Schaf – Schwein

   _____ Pferd _____

_____ Schwein _____

   _____ Katze _____

_____ Schaf _____

   _____ Hund _____

_____ Kuh _____

   _____ Huhn _____

2. Male die Tiere an.

3. Welche Tiere gibt es noch auf dem Bauernhof. Schreibe oder male auf ein weißes Blatt.

   z. B.: Gänse, Enten, Hasen, Esel, Ziegen, Mäuse

Kopiervorlage 15a: Tafelbild/Folienbild Vögel im Winter

- *Beschreiben der Bilder: Einige Vögel fliegen im Winter in den Süden, weil es hier nicht genügend Nahrung gibt. Gegen Kälte sind die Vögel durch ihr Federkleid geschützt.*
- *Welche Vögel bleiben im Winter hier? Wie sehen sie aus?*

Kopiervorlage 15b: Arbeitsblatt Vögel im Winter

Vögel im Winter

1. Kennst du die Vögel? Schreibe die Namen der Vögel unter das Bild.
2. Male die Vögel in den richtigen Farben an. Male das Bild an.

1. _____   2. _____

3. _____   4. _____

5. _____   6. _____

7. _____

Kopiervorlage 15c: Lösungen zum Arbeitsblatt 15b

Vögel im Winter

1. Kennst du die Vögel? Schreibe die Namen der Vögel unter das Bild.
2. Male die Vögel in den richtigen Farben an. Male das Bild an.

1. Amsel
2. Spatz
3. Rotkehlchen
4. Dompfaff
5. Blaumeise
6. Kohlmeise
7. Buchfink

- Zwei Drittel unserer einheimischen Vögel können im Winter nicht bei uns überleben. Sie ziehen in wärmere Gegenden, wo sie genügend Nahrung finden. Diese Vögel werden Zugvögel genannt. Sie fliehen nicht vor der Kälte, denn ihr Federkleid würde sie genügend schützen, sondern vor dem Nahrungsmangel. Vögel, die bei uns überwintern, werden Standvögel oder Jahresvögel genannt. Im Winter können sich die Vögel nur von Körnern, Samen, Beeren und Knospen ernähren, denn Insekten, Käfer und Spinnen sind nicht zu finden. Besonders wenn Schnee liegt, reicht diese Nahrung nicht aus, dann gewöhnen sich die Vögel schnell an Futterplätze.
- Material mit farbigen Abbildungen der verschiedenen Vögel sollte bereitgestellt werden, damit die Kinder die Vögel richtig ausmalen können.

Kopiervorlage 16a: Tafelbild/Folienbild Tierfamilien

- *Beschreiben der Folie: Welche Tiere sind zu sehen?*
- *Wie heißen die männlichen und weiblichen Tiere? Wie nennt man ihre Jungen?*
- *Welche Tiere gehören zusammen und bilden eine Tierfamilie?*

Kopiervorlage 16b: Arbeitsblatt Tierfamilien

Tierfamilien

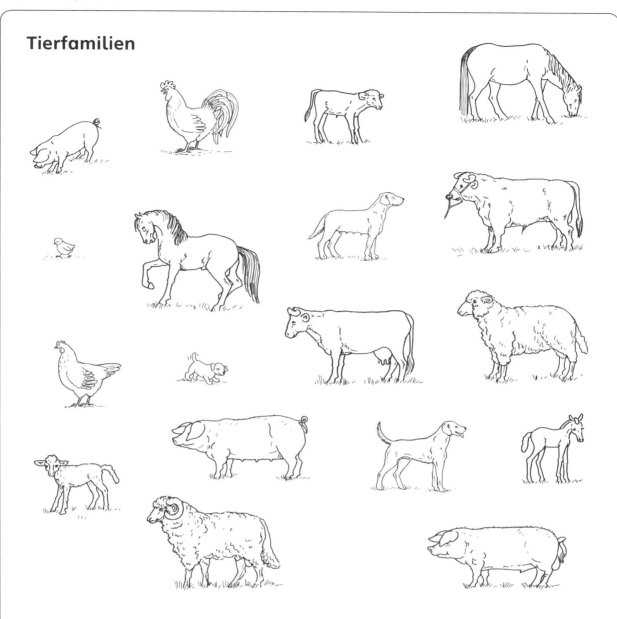

1. Schneide die einzelnen Tiere aus. Klebe die Tierfamilien zusammen auf ein weißes Blatt.

2. Schreibe die Namen für Vater, Mutter und das Junge zu den Tierfamilien.

Hahn – Kuh – Fohlen – Hündin – Henne – Schaf – Sau – Kalb – Eber – Welpe – Widder (Schafbock) – Stute – Ferkel – Hengst – Lamm – Rüde – Küken – Stier (Bulle)

3. Male die Tiere passend aus.

Tierfamilien

 Hahn 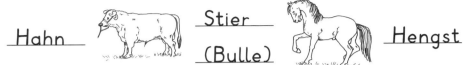 Stier (Bulle) Hengst

 Henne  Kuh Stute

 Küken  Kalb Fohlen

 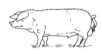 Widder  Eber Rüde

  Schaf  Sau Hündin

  Lamm  Ferkel Welpe

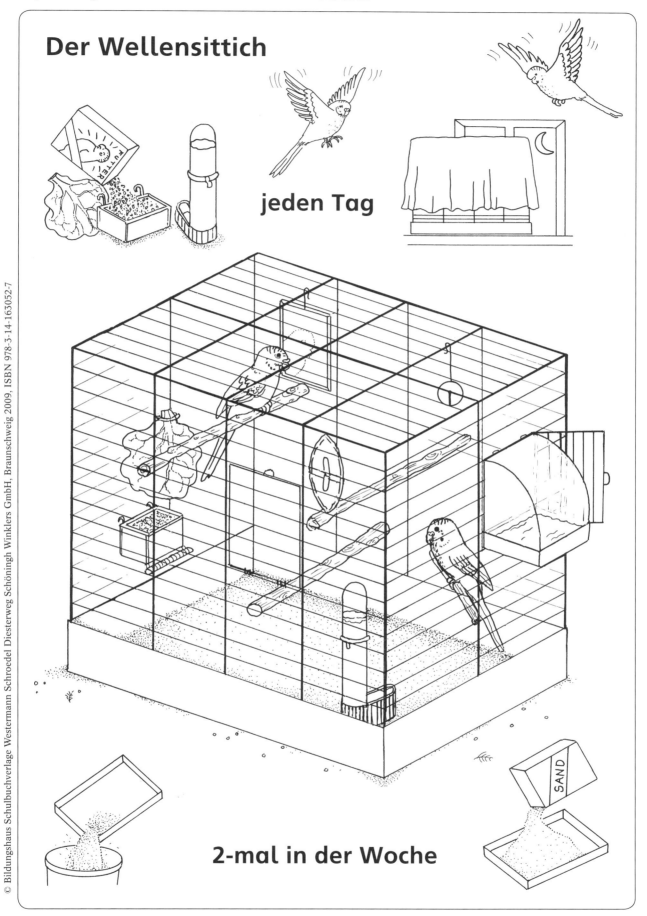

- *Beschreiben der Bilder: Berichten von eigenen Erfahrungen.*
- *Die Einrichtung des Käfigs besprechen.*
- *Über die Bedürfnisse und Pflege von Wellensittichen reden.*

Der Wellensittich

1. Beschrifte.

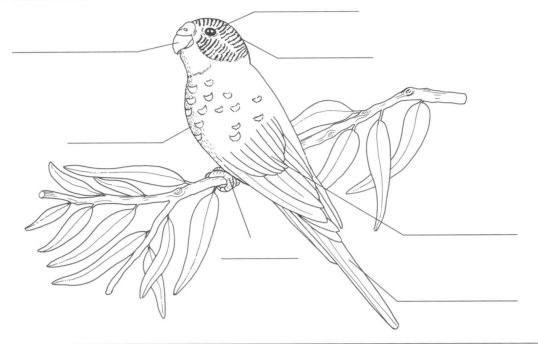

Auge – Bauch – Flügel – Fuß – Kopf – Schnabel – Schwanz

2. Beantworte die Fragen. Schreibe oder male.

   Was fressen Wellensittiche?

   Was brauchen Wellensittiche im Käfig?

   Wie muss man Wellensittiche pflegen?

3. Male den Wellensittich richtig an.

Der Wellensittich

1. Beschrifte.

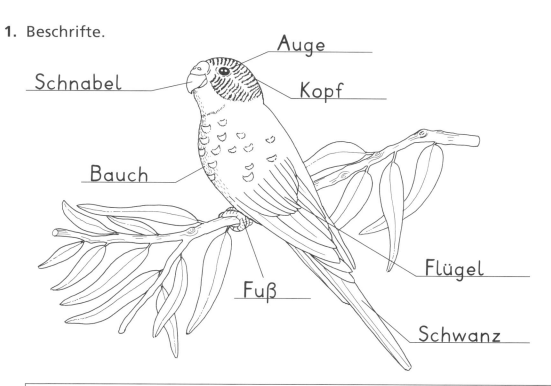

Auge – Bauch – Flügel – Fuß – Kopf – Schnabel – Schwanz

2. Beantworte die Fragen. Schreibe oder male.

Was fressen Wellensittiche?
Wellensittichfutter (Körnermischung) aus dem Fachhandel, Sonnenblumenkerne, Hirse, Saftfutter (Obst und Gemüse), Kalkstein.

Was brauchen Wellensittiche im Käfig?
Ausreichend Platz zum Fliegen, Äste aus Holz (gerne auch Äste von ungespritzten Obstbäumen), Gesellschaft (Wellensittiche sollen nicht alleine gehalten werden), Beschäftigungsmöglichkeiten wie Spiegel, Schaukel und Glöckchen, Sandboden, Kalkstein, Futter- und Wasserbehälter, die vor Koteinfall geschützt sind.

Wie muss man Wellensittiche pflegen?
Wellensittige brauchen täglich frisches Futter und Wasser. Jeden Abend sollte der Käfig abgedunkelt werden. Außerdem sollte man täglich Flugzeiten für die Wellensittiche einplanen. Zweimal in der Woche muss der Käfig gründlich gereinigt werden. Mehrmals die Woche sollten die Wellensittiche Gelegenheit bekommen zu baden.

3. Male den Wellensittich richtig an.

- *Materialien mit farbigen Abbildungen von Wellensittichen unterstützen die Kinder bei der passenden Farbwahl.*

Die Sprache der Katze

Ich bin neugierig.

Ich fühle mich wohl.

Ich habe Hunger.

Ich begrüße dich freundlich.

Ich bin wütend.

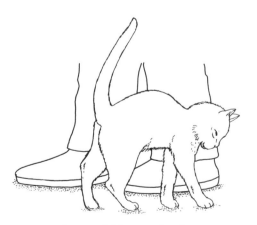
Ich will spielen.

- *Beschreiben der einzelnen Katzen: Wie ist ihre Körperhaltung? Was bedeutet sie? Welche Katzen dürfte man streicheln?*
- *Welche Geräusche könnten die Katzen machen (schnurren, fauchen, miauen)?*
- *Berichten von eigenen Erfahrungen mit Katzen.*

Kopiervorlage 18b: Arbeitsblatt Die Sprache der Katze

Die Sprache der Katze

1. Fülle den Lückentext aus. Verbinde die Sätze mit den passenden Bildern.

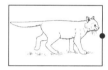

- Die Katze begrüßt den Menschen freundlich mit _____.

- Möchte sie _____ streicht sie um die Beine des Menschen.

- Ist sie wütend und fühlt sich bedroht, macht die Katze einen _____ und faucht.

- Die Katze _____, wenn sie ihr Futter haben will.

- Durch _____ zeigt die Katze dem Menschen, dass sie sich wohl fühlt.

- Stellt sie die Ohren auf und schaut wach nach vorne ist die Katze _____.

| miaut – Schnurren – Buckel – aufgerichtetem Schwanz – spielen oder schmusen – aufmerksam |

2. Ordne zu: **aufmerksam – dösen – fauchen**

_____   _____   _____

Kopiervorlage 18c: Lösungen zum Arbeitsblatt 18b

Die Sprache der Katze

1. Fülle den Lückentext aus. Verbinde die Sätze mit den passenden Bildern.

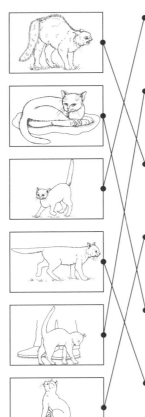

- Die Katze begrüßt den Menschen freundlich mit __aufgerichtetem Schwanz__.
- Möchte sie __spielen oder schmusen__ streicht sie um die Beine des Menschen.
- Ist sie wütend und fühlt sich bedroht, macht die Katze einen __Buckel__ und faucht.
- Die Katze __miaut__, wenn sie ihr Futter haben will.
- Durch __Schnurren__ zeigt die Katze dem Menschen, dass sie sich wohl fühlt.
- Stellt sie die Ohren auf und schaut wach nach vorne ist die Katze __aufmerksam__.

miaut – Schnurren – Buckel – aufgerichtetem Schwanz – spielen oder schmusen – aufmerksam

2. Ordne zu: **aufmerksam – dösen – fauchen**

__dösen__   __fauchen__   __aufmerksam__

60

Kopiervorlage 19a: Tafelbild/Folienbild Obstsorten

Obstsorten

- *Beschreiben des Bildes: Welche Obstsorten sind zu sehen? Wie heißen diese?*
- *Wie schmecken die verschiedenen Obstsorten (z. B. süß, sauer, bitter, saftig)?*
- *Nennen der Lieblingsobstsorten.*

Kopiervorlage 19b: Arbeitsblatt Obstsorten

Obstsorten

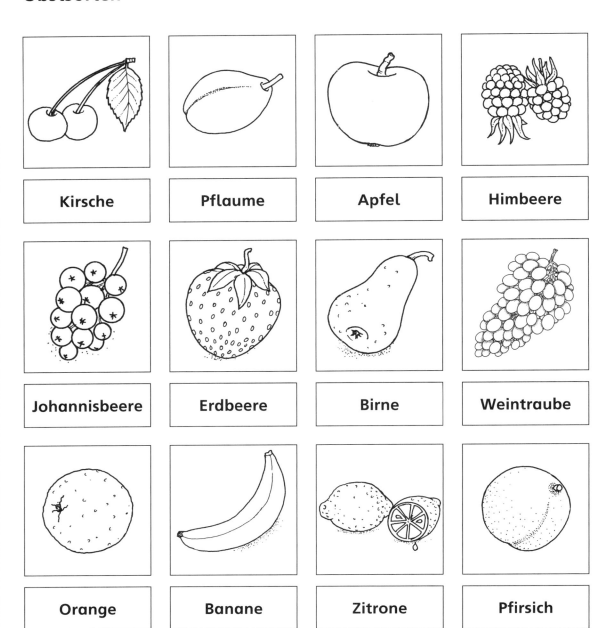

1. Male die Obstorten in den richtigen Farben an.

2. Klebe das Arbeitsblatt auf Tonpapier. Schneide die Obstbilder und die Namenskärtchen aus.

3. Spiele mit einem Partner das Paar-Spiel.
   Ihr müsst jeweils ein großes und ein kleines Kärtchen aufdecken.

Kopiervorlage 19c: Lösungen zum Arbeitsblatt 19b

Obstsorten

rot	*lila*	*rot oder grün oder gelb*	*rot*
Kirsche	**Pflaume**	**Apfel**	**Himbeere**
weiß, schwarz oder rot	*rot*	*gelb/grün*	*lila oder grün*
Johannisbeere	**Erdbeere**	**Birne**	**Weintraube**
orange	*gelb*	*gelb*	*orange/rot*
Orange	**Banane**	**Zitrone**	**Pfirsich**

1. Male die Obstorten in den richtigen Farben an.

2. Klebe das Arbeitsblatt auf Tonpapier. Schneide die Obstbilder und die Namenskärtchen aus.

3. Spiele mit einem Partner das Paar-Spiel.
   Ihr müsst jeweils ein großes und ein kleines Kärtchen aufdecken.

- *Spiel Obstsalat: Die Kinder sitzen im Stuhlkreis und ein Kind steht in der Mitte. Jedes Kind erhält eine von vier möglichen Obstsorten. Das Kind in der Mitte nennt eine Obstsorte, und die dazugehörigen Kinder müssen sich einen neuen Platz suchen. Dabei versucht auch das Kind in der Mitte einen freien Stuhl zu bekommen. Ein Kind bleibt übrig und nennt die nächste Obstsorte. Sagt es Obstsalat müssen sich alle einen neuen Platz suchen.*

Kopiervorlage 20a: Tafelbild/Folienbild Blätter und Früchte im Herbst

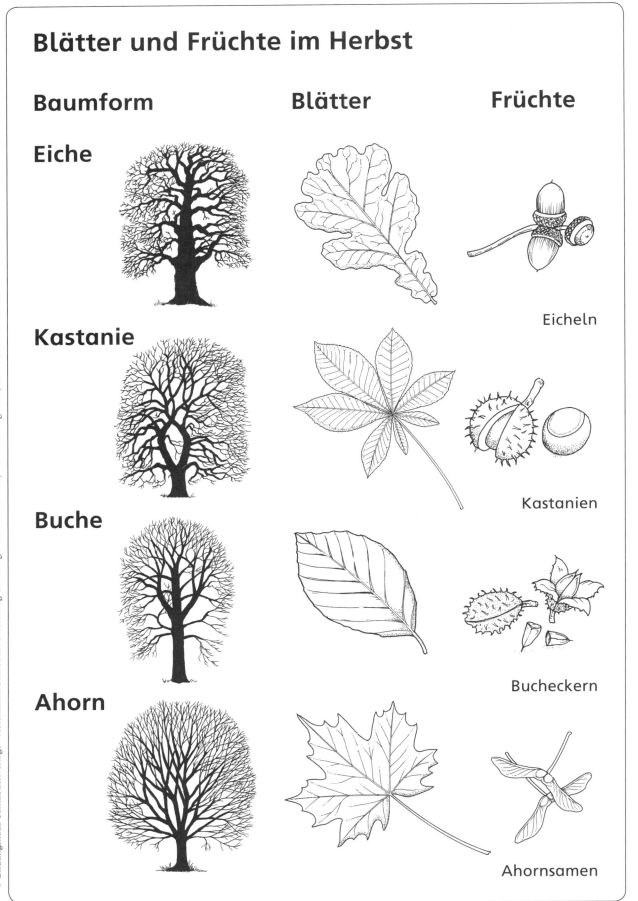

- *Beschreiben der Bilder: Wie heißen die Bäume?*
- *Beschreiben der Blätter (Merkmale wie Farbe, Form, Größe). Auch echte Blätter betrachten.*
- *Welche Früchte tragen die Bäume? Was kann man mit den Früchten machen?*

Blätter und Früchte im Herbst

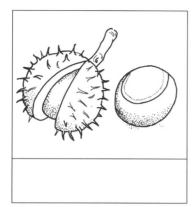

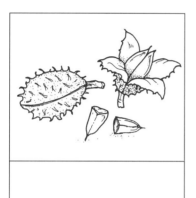
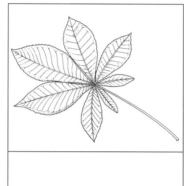

Ahorn
Ahornsamen
Kastanie
Kastanien
Eiche
Eicheln
Buche
Bucheckern

1. Schneide die Bilder ordentlich aus.
   Klebe sie geordnet auf ein weißes Blatt.

2. Schreibe die Wörter zum richtigen Bild.

3. Male die Bilder in den Herbstfarben an.

Kopiervorlage 20c: Lösungen zum Arbeitsblatt 20b

Blätter und Früchte im Herbst

Ahorn

Ahornsamen

Kastanie

Kastanien

Eiche

Eicheln

Buche

Bucheckern

- *Die Bilder können auch ausgeschnitten und zum Paar-Spiel benutzt werden.*

Kopiervorlage 21a: Tafelbild/Folienbild Frühblüher

Frühblüher

| Traubenhyazinthe | Krokus | Osterglocke |

| Primel | Schneeglöckchen | Tulpe |

- Beschreiben und Benennen der einzelnen Pflanzen.
- Wo sieht man Gemeinsamkeiten oder Unterschiede (Blätter, Blüten)?
- Warum nennt man diese Pflanzen Frühblüher?

Frühblüher

1. Schneide die einzelnen Pflanzenteile aus.

2. Lege die Blüten zu den passenden Pflanzen und klebe sie auf ein weißes Blatt.

3. Schreibe die richtigen Namen zu den Pflanzen.

   Traubenhyazinthe – Krokus – Osterglocke – Primel – Schneeglöckchen – Tulpe

4. Male die Pflanzen in den richtigen Farben aus.

Kopiervorlage 21c: Lösungen zum Arbeitsblatt 21b

Frühblüher

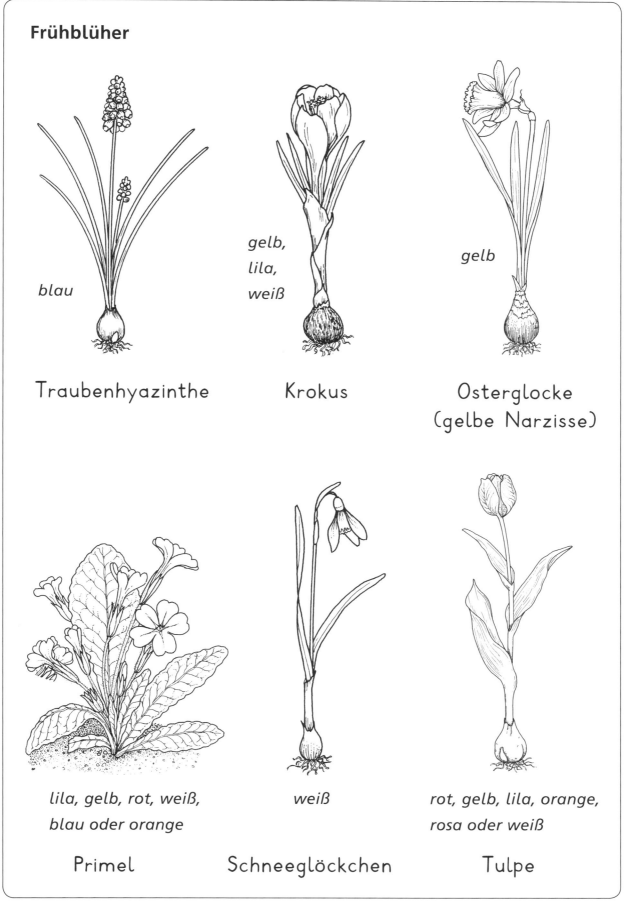

blau	*gelb, lila, weiß*	*gelb*
Traubenhyazinthe	Krokus	Osterglocke (gelbe Narzisse)
lila, gelb, rot, weiß, blau oder orange	*weiß*	*rot, gelb, lila, orange, rosa oder weiß*
Primel	Schneeglöckchen	Tulpe

- Einige Frühblüher haben bereits vor dem Winter einen Vorratsspeicher (Zwiebel oder Knolle) angelegt. Im Frühjahr ernähren sich die Frühblüher aus diesem Vorratsspeicher. Deshalb wachsen und blühen sie so früh im Jahr.

Kopiervorlage 22a: Tafelbild/Folienbild Die Tulpe

Die Tulpe

September Oktober November   Dezember Januar Februar

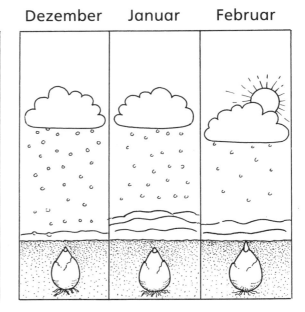

März April Mai   Juni Juli August

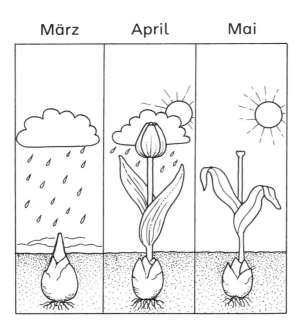
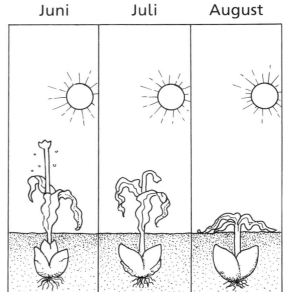

- *Beschreiben der Bilder: Was passiert in den einzelnen Jahreszeiten und Monaten?*
- *Besprechen der Begriffe Zwiebel, Stängel, Wurzel, Blüte, Blütenblätter und Blätter.*
- *Wann wird die Zwiebel gepflanzt? Wie lange ruht sie? Wann keimt die Zwiebel?*
- *Wann blüht die Tulpe? Wie sieht die Blüte aus?*

Kopiervorlage 22b: Arbeitsblatt Die Tulpe

Die Tulpe

1. Schreibe die passenden Begriffe auf die Linien.

   Stängel – Wurzeln – Blüte – Zwiebel – Blütenblätter – Blätter

2. Fülle den Lückentext aus.

   April – Zwiebel – Blätter – Herbst – Stängel – Zwiebel

   Die Zwiebel wird im _____ in die Erde gesteckt. Im Winter ruht

   die _____ in der Erde. Im März beginnt die _____

   zu keimen. Es wachsen _____ und _____.

   Im _____ blüht die Tulpe.

3. Male die Tulpe bunt an.

Kopiervorlage 22c: Lösungen zum Arbeitsblatt 22b

Die Tulpe

1. Schreibe die passenden Begriffe auf die Linien.

| Stängel – Wurzeln – Blüte – Zwiebel – Blütenblätter – Blätter |

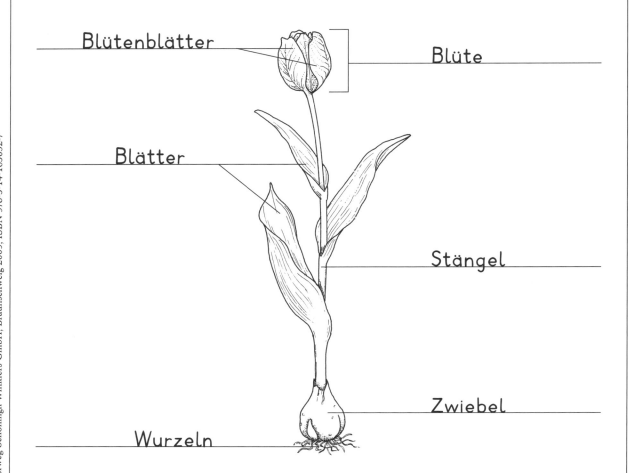

Blütenblätter — Blüte — Blätter — Stängel — Zwiebel — Wurzeln

2. Fülle den Lückentext aus.

| April – Zwiebel – Blätter – Herbst – Stängel – Zwiebel |

Die Zwiebel wird im __Herbst__ in die Erde gesteckt. Im Winter ruht die __Zwiebel__ in der Erde. Im März beginnt die __Zwiebel__ zu keimen. Es wachsen __Stängel__ und __Blätter__.

Im __April__ blüht die Tulpe.

3. Male die Tulpe bunt an.

- Stängel und Blätter müssen grün ausgemalt werden. Die Zwiebel ist braun. Die Blüte kann entweder nur weiß, gelb, rot, rosa, orange und lila oder zweifarbig (Kombinationen der genannten Farben) angemalt werden.

Kopiervorlage 23a: Tafelbild/Folienbild Beim Zahnarzt

Beim Zahnarzt

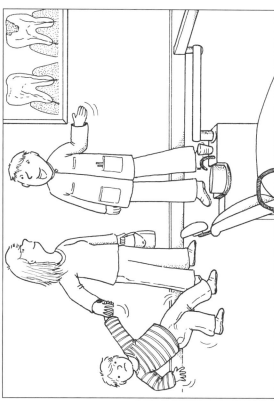

- *Wo spielt die Geschichte? Was passiert auf den Bildern? Welche Zahnarztinstrumente sind zu sehen?*
- *Nacherzählen der Bildergeschichte und Nachspielen als Rollenspiel. Alternativen finden.*
- *Eigene Erfahrungen beim Zahnarzt; Thematisierung der Angst vor einem Zahnarzttermin.*

Beim Zahnarzt

1. Sprecht über eure Erfahrungen beim Zahnarzt. Was gibt es dort alles zu sehen?
2. Male die Dinge an, die du beim Zahnarzt findest. Wie heißen diese Dinge?

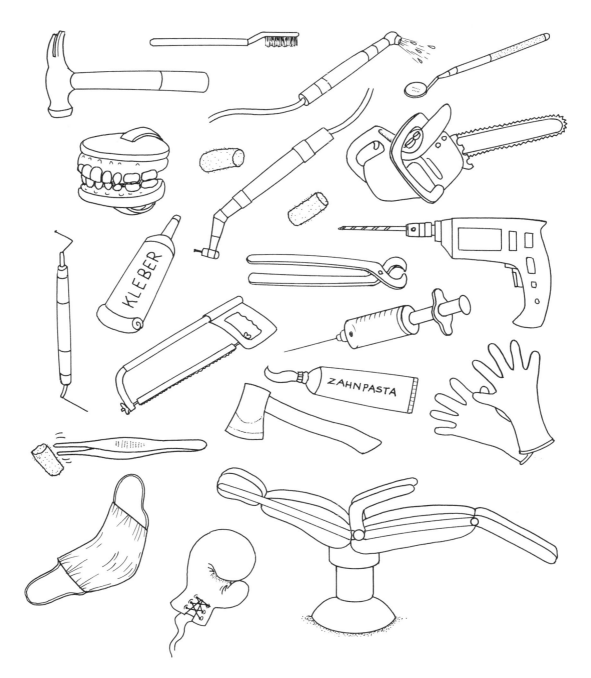

3. Male oder schreibe eine eigene Zahnarztgeschichte in dein Heft.

Kopiervorlage 23c: Lösungen zum Arbeitsblatt 23b

Beim Zahnarzt

Zange, Kleber, Boxhandschuh, Hammer, Bohrmaschine, Beil, Kettensäge und Handsäge sind beim Zahnarzt nicht zu finden.

- *Lösungen der Kinder besprechen. Die einzelnen Dinge benennen: Mundschutz, Zahnpasta, Munddusche, Pinzette, Zahnarztstuhl, Spritze, Zahnarztbohrer, Zahnbürste, Handschuhe, Zahnarztspachtel (Kürette), Gebiss und Mundspiegel.*
- *Die Kinder können ihre Zahnarztgeschichten der Klasse vorstellen.*

Der Bäcker

- *Beschreiben der Bilder: Was gibt es alles in einer Backstube?*
- *Wie sieht der Beruf des Bäckers aus? Welche Aufgaben hat ein Bäcker?*
- *Wie sieht es in einer Bäckerei aus? Was kann man dort alles kaufen? Verkaufsszene in einem Rollenspiel nachspielen.*

Kopiervorlage 24b: Arbeitsblatt Der Bäcker

Der Bäcker

1. Schneide die Bilder und Sätze einzeln aus.
   Klebe sie geordnet auf ein weißes Blatt.

Während ich mittags esse und spiele, putzt der Bäcker seine Backstube und geht danach schlafen.

Wenn ich aufstehe, werden in der Bäckerei die Brötchen verkauft.

Wenn ich in der Schule bin, arbeitet der Bäcker in der Backstube.

Während ich morgens noch schlafe, backt der Bäcker schon frische Brötchen.

2. Male die Bilder aus.

Kopiervorlage 24c: Lösungen zum Arbeitsblatt 24b

Der Bäcker

1. Schneide die Bilder und Sätze einzeln aus.
   Klebe sie geordnet auf ein weißes Blatt.

Während ich morgens noch schlafe, backt der Bäcker schon frische Brötchen.

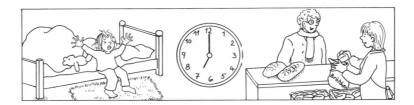

Wenn ich aufstehe, werden in der Bäckerei die Brötchen verkauft.

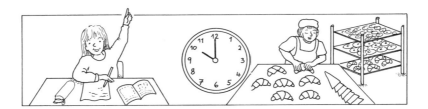

Wenn ich in der Schule bin, arbeitet der Bäcker in der Backstube.

Während ich mittags esse und spiele, putzt der Bäcker seine Backstube und geht danach schlafen.

2. Male die Bilder aus.

Kopiervorlage 25a: Tafelbild/Folienbild Berufe

Berufe

- *Beschreiben der Bilder: Benennen der verschiedenen Berufe (Polizistin, Feuerwehrmann, Bäcker, Architektin, Ärztin, Maler, Dachdecker und Friseur).*
- *Benennen der Gegenstände in der Mitte. Zu welchen Berufen gehören die Gegenstände?*
- *Mit Folienstift Berufe mit passenden Gegenständen verbinden.*

Berufe

Ich gebe Wänden einen schönen, neuen Anstrich.  _____	Ich werde gerufen, wenn es brennt.  _____	Ich decke Dächer von Häusern.  _____
Ich sorge für Ordnung auf den Straßen. Ich regele den Verkehr und verteile manchmal Strafzettel.  _____	Ich arbeite in einem Krankenhaus. Dort kümmere ich mich um kranke und verletzte Menschen.  _____	_____ Ich backe Brot, Brötchen, Kuchen, Torten und vieles mehr.
Bei mir bekommen Menschen eine schicke, neue Frisur.  _____	_____ Ich plane Häuser und erstelle Baupläne.	**Friseur** **Polizistin** **Bäcker** **Architektin** **Ärztin** **Maler** **Dachdecker** **Feuerwehrmann**

1. Schreibe die richtigen Berufe auf die Linien.
2. Schneide die Kärtchen aus. Spiele mit einem Partner Beruferaten.
4. Kennst du noch andere Berufe? Bastele eigene Kärtchen.

Kopiervorlage 25c: Lösungen zum Arbeitsblatt 25b

Berufe

Ich gebe Wänden einen schönen, neuen Anstrich.  **Maler**	Ich werde gerufen, wenn es brennt.  **Feuerwehrmann**	Ich decke Dächer von Häusern.  **Dachdecker**
Ich sorge für Ordnung auf den Straßen. Ich regele den Verkehr und verteile manchmal Strafzettel.  **Polizistin**	Ich arbeite in einem Krankenhaus. Dort kümmere ich mich um kranke und verletzte Menschen.  **Ärztin**	**Bäcker**  Ich backe Brot, Brötchen, Kuchen, Torten und vieles mehr.
Bei mir bekommen Menschen eine schicke, neue Frisur.  **Friseur**	**Architektin**  Ich plane Häuser und erstelle Baupläne.	**Anleitung zum Spiel „Beruferaten"** 1. Ein Kind wählt eine Karte aus und liest die Berufsbeschreibung seinem Partner laut vor. 2. Der Partner nennt die passende Berufsbezeichnung.

- *Alternativen zum Spiel „Beruferaten":*
  - *Das Kind beschreibt den abgebildeten Beruf mit eigenen Worten.*
  - *Das Kind macht den Beruf pantomimisch vor.*

Kopiervorlage 26a: Tafelbild/Folienbild Luft

Luft

- *Beschreiben des Bildes: Wo spielt Luft eine Rolle?*
- *Beschreiben der verschiedenen Wirkungsweisen von Luft (trocknet, trägt, treibt an, bremst).*
- *Berichten von eigenen Erlebnissen mit Luft.*

Kopiervorlage 26b: Arbeitsblatt Luft

Luft

1. Was Luft alles kann! Schreibe die passenden Nummern zu den Bildern

① **Man kann mit Luft spielen.**
② **Luft trocknet.**
③ **Luft treibt an.**
④ **Luft trägt.**
⑤ **Luft federt.**
⑥ **Luft macht Töne.**

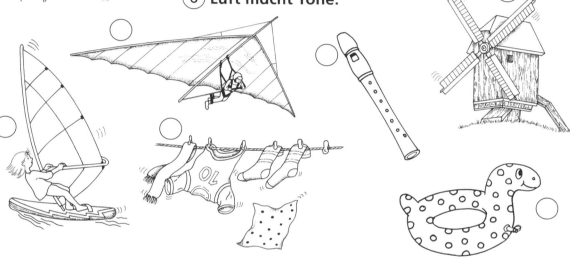

2. Baue dir einen Papierflieger.

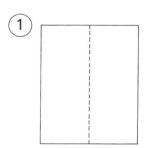
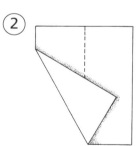
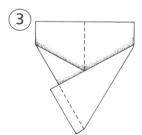
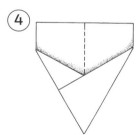
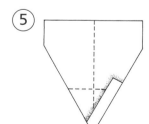
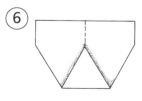
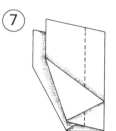
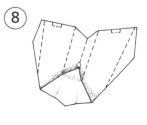

Kopiervorlage 26c: Lösungen zum Arbeitsblatt 26b

Luft

1. Was Luft alles kann! Schreibe die passenden Nummern zu den Bildern

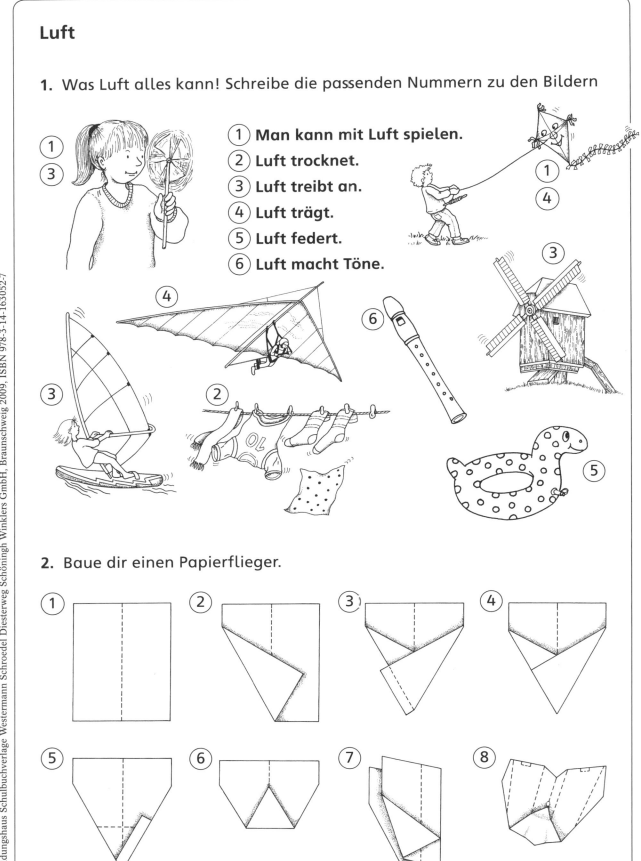

① Man kann mit Luft spielen.
② Luft trocknet.
③ Luft treibt an.
④ Luft trägt.
⑤ Luft federt.
⑥ Luft macht Töne.

2. Baue dir einen Papierflieger.

- *Die Papierflieger können im Flur oder gemeinsam auf dem Schulhof fliegen gelassen werden. Die Kinder können auch andere Falttechniken anwenden und weitere Papierflieger bauen.*

Kopiervorlage 27a: Tafelbild/Folienbild Wasser im Alltag

Wasser im Alltag

- Beschreiben des Bildes: Die verschieden Szenen, in denen Wasser vorhanden ist oder genutzt wird, benennen und in der Abbildung finden.
- Über die Bedeutung des Wassers sprechen.

Wasser im Alltag

1. Schreibe oder male in die Wassertropfen.
   Man braucht Wasser ...
2. Verziere das Arbeitsblatt, damit man es im Klassenraum aufhängen kann.

Kopiervorlage 27c: Lösungen zum Arbeitsblatt 27b

Wasser im Alltag

- … zum Spielen und Planschen.
- … zum Spülen oder für die Spülmaschine.
- … für die Waschmaschine.
- … zum Waschen, Baden und Duschen.
- … zum Kochen.
- … zum Zähneputzen.
- … für die Toilettenspülung.
- … für die Fische im Aquarium.
- … zum Blumengießen.
- … zum Trinken.
- … zum Putzen (z. B. Haus, Fahrrad, Auto).

1. Schreibe oder male in die Wassertropfen. Man braucht Wasser …
2. Verziere das Arbeitsblatt, damit man es im Klassenraum aufhängen kann.

Kopiervorlage 28a: Tafelbild/Folienbild Licht und Schatten

Licht und Schatten

- Beschreiben der Kinder und ihrer Schatten.
- Wann entsteht ein Schatten? Wann gibt es keinen Schatten?
- Wie kann man Schatten verändern (Art der Lichtquelle, Abstand von der Lichtquelle, Neigungswinkel)?

Kopiervorlage 28b: Arbeitsblatt Licht und Schatten

Licht und Schatten

1. Welcher Schatten gehört zu den Kindern?
   Male Bild und Schatten in der gleichen Farbe an.

2. Versuche vor dem Projektor Schattenbilder zu machen.

Kopiervorlage 28c: Lösungen zum Arbeitsblatt 28b

Licht und Schatten

1. Welcher Schatten gehört zu den Kindern?
   Male Bild und Schatten in der gleichen Farbe an.

2. Versuche vor dem Projektor Schattenbilder zu machen.

- Vor der Bearbeitung des Arbeitsblattes sollte man mit den Kindern auf den Schulhof gehen und verschiedene Schattenspiele durchführen:
  - Schatten beobachten
    Die Kinder sollen beobachten, wie sich ihr Schatten bei Bewegung (nach vorne und hinten lehnen, Arme und Beine bewegen) verhält.
  - Schattenfangen
    Ein Kind ist der Fänger und versucht auf die Schatten der anderen Kinder zu treten. Gelingt es ihm ist das Kind gefangen und muss sich befreien lassen. Dafür muss ein anderes Kind durch seine Beine krabbeln.
  - Schatten laufen
    Ein Kind stellt sich auf den Schattenkopf seines Partners. Der Partner läuft los, und das Kind muss versuchen immer auf dem Schattenkopf zu bleiben.
  - Schatten zeichnen
    Ein Kind zeichnet mit Kreide den Schatten seines Partners nach.

- Alternative für den Klassenraum: Die Kinder zeichnen gegenseitig ihr Schattenbild auf ein Zeichenblatt.

Mein Körper

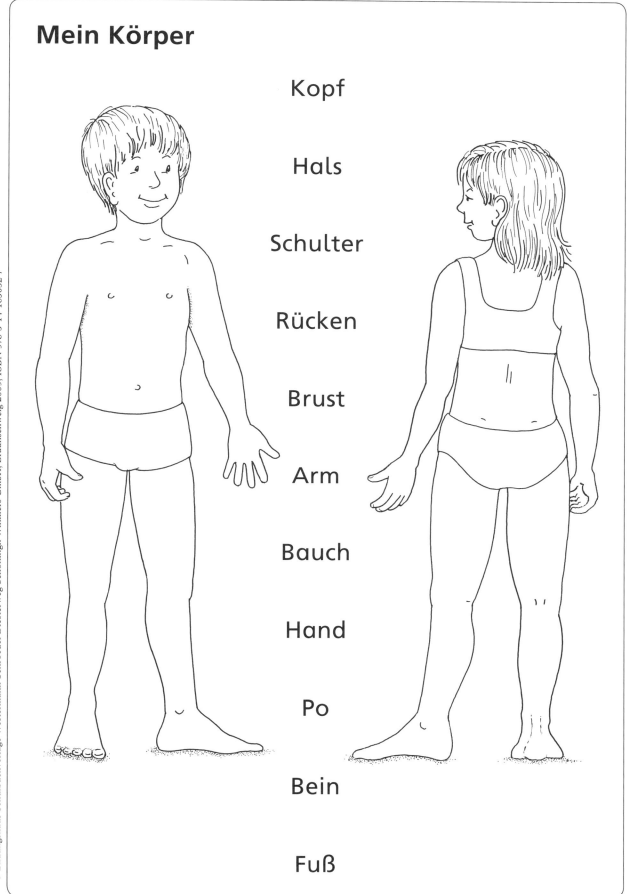

Kopf

Hals

Schulter

Rücken

Brust

Arm

Bauch

Hand

Po

Bein

Fuß

- *Beschreiben der Bilder: Körperteile benennen. Welche Körperteile gibt es noch?*
- *Körperteile bei Junge und Mädchen mit den Begriffen verbinden (Folienstift).*
- *Funktionen der Körperteile klären.*

Mein Körper

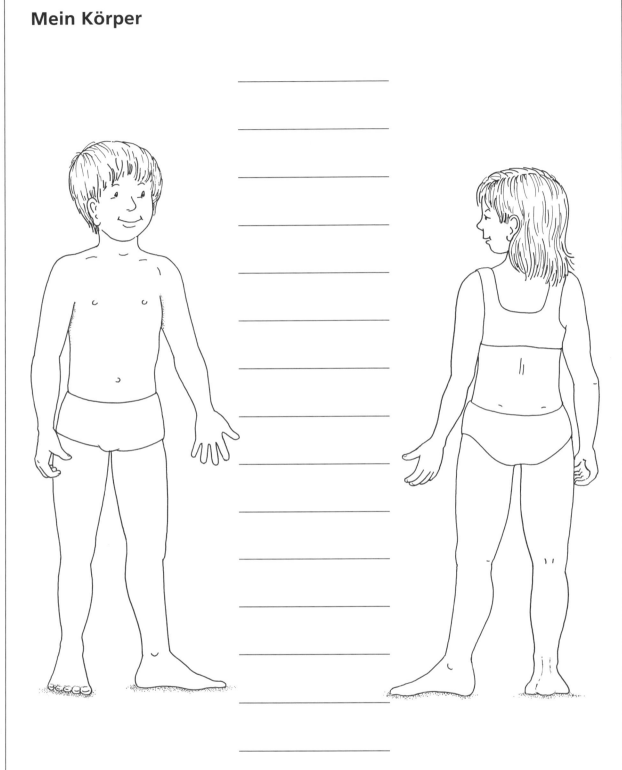

1. Schreibe die Körperteile auf die Linien. Verbinde sie mit den Bildern.
2. Male einen Umriss deiner Hand oder deines Fußes auf ein weißes Blatt.

Kopiervorlage 29c: Lösungen zum Arbeitsblatt 28b

Mein Körper

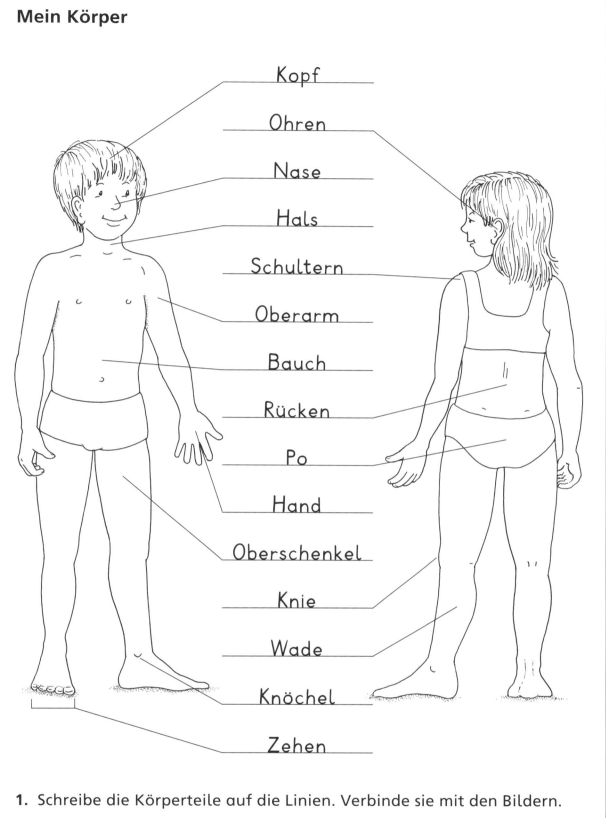

Kopf
Ohren
Nase
Hals
Schultern
Oberarm
Bauch
Rücken
Po
Hand
Oberschenkel
Knie
Wade
Knöchel
Zehen

1. Schreibe die Körperteile auf die Linien. Verbinde sie mit den Bildern.
2. Male einen Umriss deiner Hand oder deines Fußes auf ein weißes Blatt.

• *Alternativen: Mund, Augen, Stirn, Wangen, Nacken, Brust, Ellenbogen, Unterarm, Finger, Unterschenkel, Fuß u. a.*

Unsere Zähne

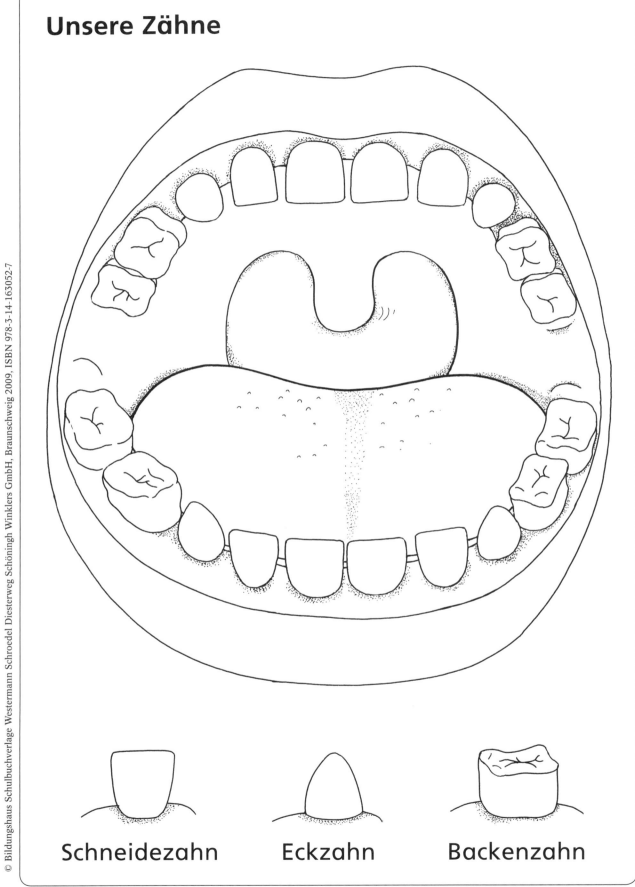

Schneidezahn   Eckzahn   Backenzahn

- *Beschreiben des Bildes: Was ist im Mund alles zu sehen (Oberkiefer, Unterkiefer, Zunge u. a.).*
- *Wie viele Milchzähne hat ein Kind? Wie viele Zähne hat ein Erwachsener (siehe Lösung)?*
- *Welche unterschiedlichen Zähne gibt es? Wie heißen sie? Was sind ihre Funktionen?*

Unsere Zähne

1. Betrachte deine Zähne im Spiegel. Taste sie mit deiner Zunge ab.
2. Wir unterscheiden Schneidezähne, Eckzähne und Backenzähne. Beschrifte die Zeichnung.

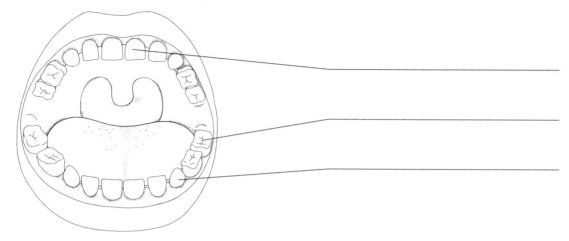

3. Lies den Text. Fülle die Lücken aus.

   Die _____ sind dünn und scharf. Sie _____

   den Bissen ab. Die _____ sind spitz und scharf.

   Sie _____ den Bissen ab und halten ihn fest.

   Die _____ sind breit und flach.

   Sie _____ das Essen.

   Backenzähne – Eckzähne – schneiden – zermahlen – Schneidezähne – reißen

4. Verbinde und schreibe die Sätze in dein Heft.

Backenzähne		zermahlen.
Schneidezähne		schneiden.
Eckzähne		reißen.

Kopiervorlage 30c: Lösungen zum Arbeitsblatt 30b

Unsere Zähne

1. Betrachte deine Zähne im Spiegel. Taste sie mit deiner Zunge ab.
2. Wir unterscheiden Schneidezähne, Eckzähne und Backenzähne. Beschrifte die Zeichnung.

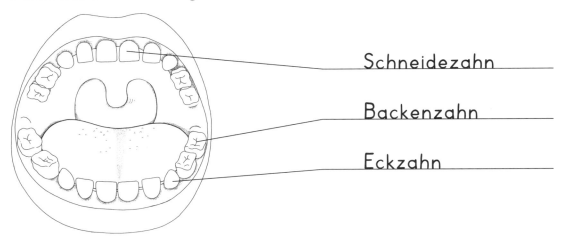

3. Lies den Text. Fülle die Lücken aus.

   Die __Schneidezähne__ sind dünn und scharf. Sie __schneiden__ den Bissen ab. Die __Eckzähne__ sind spitz und scharf.

   Sie __reißen__ den Bissen ab und halten ihn fest.

   Die __Backenzähne__ sind breit und flach.

   Sie __zermahlen__ das Essen.

   > Backenzähne – Eckzähne – schneiden – zermahlen – Schneidezähne – reißen

4. Verbinde und schreibe die Sätze in dein Heft.

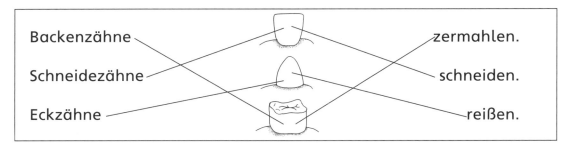

- Mit der Zunge sollen die Kinder die unterschiedlichen Oberflächenstrukturen und Formen der einzelnen Zähne erfühlen. Sie sollen feststellen, welche Zähne spitz, scharf, breit, flach oder dünn sind.
- Das Milchgebiss hat 20 Zähne: 8 Schneide-, 4 Eck- und 8 Backenzähne. Das bleibende Gebiss eines Erwachsenen besteht aus 32 Zähnen: 8 Schneide-, 4 Eck-, 16 Backen- und 4 Weisheitszähne. Gebisse können unterschiedlich sein.

Kopiervorlage 31a: Tafelbild/Folienbild Unsere Sinne

Unsere Sinne

Wir haben fünf Sinne!

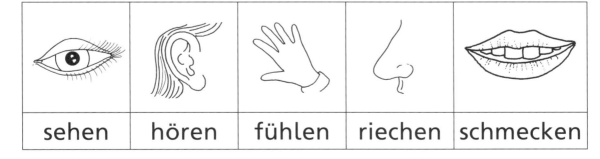

| sehen | hören | fühlen | riechen | schmecken |

- *Benennen der fünf Sinne und der dazugehörigen Sinnesorgane.*
- *Beschreiben des Bildes: Was können die Menschen sehen, hören, fühlen, schmecken und riechen?*

Unsere Sinne

1. Ich habe fünf Sinnesorgane: Die Haut, die Zunge, die Nase, die Augen und die Ohren.

   Mit der _____ kann ich _____ .

   Mit der _____ kann ich _____ .

   Mit der _____ kann ich _____ .

   Mit den _____ kann ich _____ .

   Mit den _____ kann ich _____ .

2. Welches Sinnesorgan wird benutzt? Verbinde.
   Manchmal sind mehrere Sinnesorgane beteiligt.

3. Schreibe zu jedem Bild einen Satz in dein Heft. Was riechen, fühlen, sehen, schmecken oder hören die Personen?

Unsere Sinne

1. Ich habe fünf Sinnesorgane: Die Haut, die Zunge, die Nase, die Augen und die Ohren.

Mit der __Hand__ kann ich __fühlen__.

Mit der __Zunge__ kann ich __schmecken__.

Mit der __Nase__ kann ich __riechen__.

Mit den __Augen__ kann ich __sehen__.

Mit den __Ohren__ kann ich __hören__.

2. Welches Sinnesorgan wird benutzt? Verbinde.
Manchmal sind mehrere Sinnesorgane beteiligt.

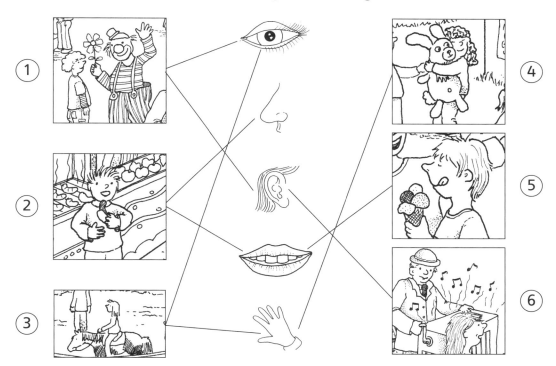

3. Schreibe zu jedem Bild einen Satz in dein Heft. Was riechen, fühlen, sehen, schmecken oder hören die Personen?

1. Ein Kind sieht den Clown an. Es hört, was er sagt. 2. Der Junge riecht die Bratwürste auf dem Grill. 3. Ein Mädchen sieht und fühlt das Pony. 4. Das Kind fühlt den Plüschhasen. 5. Dem Jungen schmeckt das Eis. 6. Der Musiker hört seine Musik.